ENSEIGNEMENT

ET

DÉMOCRATIE

LEÇONS PROFESSÉES A L'ÉCOLE DES HAUTES ÉTUDES SOCIALES.

PAR MM.

Alfred CROISET, de l'Institut, doyen de la Faculté des Lettres
de l'Université de Paris;

E. DEVINAT, directeur de l'École normale d'Instituteurs de la Seine;

J. BOITEL, directeur de l'École Turgot;

A. MILLERAND, député, ancien ministre;

G. LANSON, chargé de Cours à l'Université de Paris;

P. APPELL, de l'Institut, doyen de la Faculté des Sciences de l'Université de Paris;

Ch. SEIGNOBOS, maître de Conférences à l'Université de Paris;

Ch.-V. LANGLOIS, professeur-adjoint à l'Université de Paris.

EXTRAIT

L'Enseignement supérieur des Sciences

Par P. APPELL

Membre de l'Institut, doyen de la Faculté
des Sciences de l'Université de Paris.

PARIS

FÉLIX ALCAN, ÉDITEUR

ANCIENNE LIBRAIRIE GERMER BAILLIÈRE ET Cie

108, BOULEVARD SAINT-GERMAIN, 108

1905

L'ENSEIGNEMENT SUPÉRIEUR DES SCIENCES

Par P. APPELL

Membre de l'Institut
Doyen de la Faculté des Sciences de l'Université de Paris.

I

APERÇU SUR L'ÉVOLUTION DE L'ENSEIGNEMENT
SUPÉRIEUR SCIENTIFIQUE

Pour se rendre compte de ce qu'est actuellement l'Enseignement supérieur scientifique en France, de ce qu'il peut et doit être dans l'avenir, il importe d'étudier rapidement son évolution pendant le siècle passé.

Au début de la période révolutionnaire, on n'aperçoit guère que deux établissements d'Enseignement supérieur : le Collège de France et le Muséum d'Histoire Naturelle. Mais, vers 1794, apparaissent, à peu près en même temps, deux Écoles, l'École Polytechnique et l'École Normale Supérieure, qui, sorties de la même pensée, ont eu des destinées parallèles, souvent entremêlées, et qui, suivant la belle expression d'Hermite, sont deux branches d'une même famille étroitement unies par le sentiment absolu de la justice et du devoir.

La nécessité de former des élèves aptes à recevoir l'Enseignement des Écoles d'Ingénieurs civils et militaires (Ponts et Chaussées, Mines, Génie maritime, Génie militaire, Artillerie) suggéra l'idée d'une École préparatoire à tous les corps d'ingénieurs. A la fin de 1794, fut rendue une loi créant une École Centrale des Travaux publics, à laquelle devaient être admis des jeunes gens de seize à vingt ans justifiant de connaissances sur les éléments de l'Arithmétique, de l'Algèbre et de la Géométrie ; les examinateurs étaient chargés de juger les qualités intellectuelles et l'instruction des candidats ; les élèves étaient externes et recevaient une indemnité. L'année suivante, la Convention modifia certains détails d'organisation et changea le nom d'École Centrale des Travaux publics en celui d'École Polytechnique ; l'École fut placée sous l'autorité du Ministre de l'Intérieur, et le nombre des élèves à admettre varia de 250 à 300 suivant les années. C'est seulement en 1804, à l'établissement de l'Empire, que l'École fut militarisée et rattachée au Ministère de la Guerre, dont elle n'a cessé de dépendre jusqu'à ce jour. L'organisation de l'École a peu varié, dans ses principes, depuis 1804 ; c'est une sorte de Faculté des Sciences fermée, recrutée

au concours, donnant un Enseignement général préparatoire à diverses Écoles techniques, civiles et
militaires ; ses élèves concourent incessamment
entre eux, en vue du classement de sortie qui per-
met, aux mieux classés, le choix de l'École technique
où ils poursuivront leur carrière sans qu'aucune
nouvelle concurrence puisse les menacer. Le nombre
des élèves a varié, suivant les époques, du minimum
de 66 sous la Restauration au maximum de 265,
après la guerre de 1870-1871. Depuis quelques
années, de nombreux exercices d'ordre militaire
ont été imposés aux élèves.

Après avoir pourvu à la préparation scientifique
des Ingénieurs, la Convention fut amenée également
à assurer le recrutement d'un corps enseignant, par
la création d'une École Normale de Paris, destinée
à former des instituteurs et des professeurs « sous
la direction des hommes les plus éminents en tous
genres de sciences et de talents ». L'idée première,
telle qu'elle est exposée dans le Rapport de Lakanal,
semble avoir été de former des maîtres primaires au
contact des premiers esprits du pays ; mais bientôt,
on fut amené, en pratique, à considérer l'École Normale comme une École d'enseignement supérieur
pour la République. Telle fut l'École Normale de
l'an III, contemporaine de la première École Polytechnique, licenciée après une courte existence.

Le décret impérial de 1808, organisant l'Université Impériale, reprit la tradition de la Convention et fonda l'École Normale avec sa forme et ses principes actuels, dans ce qu'ils ont d'essentiel. Dès cette époque, il fut décidé que les élèves ne recevraient pas, à l'École, d'enseignement didactique; ils devaient suivre au dehors, au Collège de France, au Muséum, à l'École Polytechnique, les cours qui leur étaient nécessaires suivant qu'ils se destinaient à l'enseignement des lettres ou des sciences; des répétiteurs interrogeaient les élèves en leur faisant revoir les cours, les exerçaient aux problèmes, aux expériences de Physique et de Chimie, et les formaient à l'art d'enseigner. Peu après, les Facultés furent instituées, et c'est désormais là que les élèves de l'École Normale allèrent chercher l'Enseignement général. Les élèves, dit le règlement, prennent leurs inscriptions sous trois professeurs de la Faculté des Sciences. Cette organisation s'est maintenue. L'École Normale (Section des Sciences) reçoit, par concours, des boursiers qui, en première et deuxième année, suivent les cours de la Faculté des Sciences, et reçoivent, en troisième année, une préparation technique à la carrière du professorat; ces élèves n'ont à l'École que des conférences et des manipulations, et ne possèdent vis-à-vis de leurs concurrents du dehors aux postes de professeurs, aux grades et aux titres universitaires, d'autres avantages que ceux qui résultent de la vie en commun d'un petit nombre de jeunes gens, avec l'intimité des maîtres, dans la paix des laboratoires et des bibliothèques.

Les Facultés, créées par la loi de 1806, vinrent compléter, en 1808, l'organisation de l'Enseignement supérieur scientifique en France; d'après cette loi, il devait être établi près de chaque lycée, chef-lieu d'une Académie, une Faculté des Sciences dont faisaient partie, avec le premier professeur de Mathématiques du lycée, trois autres professeurs : un de Mathématiques, un d'Histoire naturelle, et le troisième de Physique et Chimie. A Paris, la Faculté des Sciences était formée par la réunion de deux professeurs du Collège de France, de deux du Muséum, de deux de l'École Polytechnique et de deux professeurs de Mathématiques des lycées. En outre, le cours d'Astronomie du Collège de France et le cours d'Anatomie et Physiologie comparées du Muséum furent déclarés cours de Faculté, tant pour l'enseignement que pour les inscriptions. Tous les établissements scientifiques de Paris venaient ainsi coopérer à l'enseignement de la Faculté des Sciences.

Je passe sous silence le détail des modifications qui dégagèrent peu à peu les Facultés de toute relation directe avec les lycées et qui, à Paris, les rendirent indépendantes des autres établissements d'Enseignement supérieur. Mais je considère comme indispensable de faire remarquer que, l'École Polytechnique ne suffisant pas à donner un enseignement général à tous les jeunes gens qui désiraient suivre la carrière d'ingénieur, et les Facultés s'étant au début désintéressées de ce genre d'enseignement, d'autres Écoles préparatoires aux Écoles techniques prirent naissance ; les Écoles des Mines et des Ponts et Chaussées instituèrent une année préparatoire d'Enseignement général ; l'École Centrale des Arts et Manufactures fut créée, avec un examen d'entrée analogue à celui de l'École Polytechnique, mais plus élémentaire, une première année d'Enseignement scientifique, et deux années d'Enseignement technique.

Nous arrivons ainsi à la fin du second Empire, avec un Enseignement supérieur des Sciences dispersé dans les Facultés des Sciences, les Facultés de Médecine, les Écoles de Pharmacie, et à Paris, dans le Collège de France, le Muséum, l'École Polytechnique et les Écoles préparatoires aux Écoles techniques. Les diverses Facultés, pauvrement installées, étaient indépendantes les unes des autres, tenues par l'État dans une étroite tutelle. Soumises à un régime uniforme de cours et de programmes, les Facultés des Sciences faisaient des bacheliers, donnaient des cours publics de vulgarisation scientifique, et avaient quelques véritables élèves de licence en vue du professorat. Les Facultés de Médecine et les Écoles de Pharmacie donnaient, outre leur enseignement professionnel, un enseignement préparatoire de Sciences générales, Physique, Chimie, Sciences naturelles ; mais ces cours, regardés comme accessoires, étaient, dans les Facultés de Médecine, principalement suivis en vue des examens, avec la hâte d'arriver le plus vite possible à l'enseignement professionnel. Quelques chercheurs travaillaient dans des laboratoires mal outillés, et réussissaient, à force de volonté et d'ingéniosité, à maintenir le rang de la Science française dans le monde.

La nécessité de donner à l'Enseignement supérieur et aux recherches scientifiques une impulsion nouvelle fut vivement ressentie par Duruy, qui ouvrit de nouveaux laboratoires et créa l'École des Hautes Études. Dans un remarquable Rapport de 1868, Duruy indiquait les vices du système en fonction, et proposait des remèdes. Il voulait faire servir les immenses ressources du Muséum à la création d'une École Supérieure d'Agronomie ; il signalait le délaissement des Facultés et recherchait les moyens de les utiliser pour l'éducation scientifique des jeunes gens : « Pour cela, disait-il, il n'est pas nécessaire d'interdire nos Facultés aux auditeurs bénévoles qui viennent y chercher le seul aliment intellectuel qu'ils puissent trouver en certaines villes ; mais il faut que cet enseignement, qui s'adresse au grand public, devienne l'accessoire au lieu d'être le principal, qu'aux leçons oratoires se joignent les leçons didactiques, l'Enseignement supérieur étant fait pour mettre l'étudiant au courant des méthodes et pour lui apprendre la science que les méthodes ont créée ». Le Rapport se termine par des doléances, qui n'étaient que trop justifiées, sur la misère des bâtiments et du matériel de l'Enseignement supérieur scientifique en France.

Après la guerre de 1870-71, un grand effort fut fait pour l'éducation scientifique de la démocratie. Un Rapport ministériel de 1878 reconnaît la nécessité de soutenir et d'encourager les hommes illustres qui font école, de donner à la Science qui a, pour ainsi parler, ses appétits changeants, et déplace incessamment ses exigences et ses méthodes, tous les outils qui lui sont nécessaires. Il indique la création de bourses d'études et de voyages, la dotation des bibliothèques ; il insiste particulièrement sur la multiplication du nombre des préparateurs, la création des cours annexes et des maîtrises de conférences. Par là se trouvaient établis les intermédiaires nécessaires entre les maîtres et les élèves ;

par là était assurée une évolution encore inachevée, consistant à placer, à côté des cours didactiques, des interrogations, des explications familières, un contact direct avec l'expérimentation.

Le mouvement ainsi commencé aboutit enfin à la création des Universités, couronnement des efforts des hommes qui, depuis 1871, avaient occupé les fonctions de ministres de l'Instruction publique et de directeurs de l'Enseignement supérieur : Waddington, Ferry, Paul Bert, Goblet, Bourgeois, du Mesnil, Dumont, Liard... Pour susciter et augmenter l'activité scientifique, pour coordonner les efforts éparpillés, on donna aux Facultés une certaine autonomie matérielle et morale, en leur accordant la personnalité civile et en les groupant sous le nom d'Universités. Le Gouvernement de la République, malgré les charges énormes résultant de la défaite, continua les sacrifices nécessaires pour la reconstruction des bâtiments, l'aménagement des laboratoires, l'augmentation du nombre des chaires et des maîtrises de conférences ; partout il fut secondé par les Conseils municipaux, tant pour les dépenses matérielles que pour les créations d'enseignements. On sait, en particulier, quelle a été la libéralité de la Ville de Paris, quelle part elle a eue dans la construction de la Sorbonne, et comment elle a pris entièrement à sa charge la création d'une chaire

d'Évolution des êtres organisés. M. Liard, qui diri-
geait alors l'Enseignement Supérieur, caractérisait
de la façon la plus heureuse le rôle des Facultés :
« Il fallait que la Science, avec tout ce qu'elle im-
plique d'esprit de vérité et de liberté d'esprit, de foi
dans les idées et de soumission aux faits, d'idéalisme
dans les convictions et de réalisme dans les méthodes,
fût, chez elle, non plus l'accident, mais l'essentiel ».
Et ailleurs : « Introduire dans les examens et dans
l'enseignement qui y conduit plus de science que par
le passé, appareiller la fonction professorale des
Facultés à leur fonction scientifique ».

Une heureuse conséquence de la réunion des
Facultés en Universités fut l'organisation du P.C.N.
Les cours préparatoires qui se donnaient autrefois
dans les Facultés de Médecine sur les sciences physiques, chimiques et naturelles furent transportés
dans les Facultés des Sciences, où ils forment ce
qu'on appelle par abréviation le P.C.N. Le passage
par cet enseignement est obligatoire pour l'inscription dans une Faculté de Médecine. Cette réforme
fournit à la carrière médicale une base scientifique
indispensable; par l'organisation de manipulations
nombreuses et surveillées de près, elle donne aux
futurs étudiants en médecine l'habitude de l'observation personnelle et le goût des recherches scientifiques.

Nous allons maintenant nous occuper de l'organisation actuelle de l'Enseignement supérieur des Sciences, des perfectionnements qu'il conviendrait d'y apporter, en insistant sur les relations de l'Enseignement scientifique avec les Écoles techniques et l'Industrie.

II

ENSEIGNEMENT GÉNÉRAL SCIENTIFIQUE

L'enseignement supérieur des Sciences est donné actuellement, comme objet principal ou comme enseignement préparatoire, dans un très grand nombre d'établissements qui comprennent : en première ligne les Facultés des Sciences, puis l'École Polytechnique, le Collège de France, le Muséum, les années préparatoires aux Écoles techniques (Mines, Ponts et Chaussées, École Centrale), certains cours des Écoles de Pharmacie, de l'Institut Agronomique, des Écoles d'Agriculture.

Nous ferons de l'étude des Facultés des Sciences l'objet principal de cette conférence : les autres questions d'enseignement supérieur viendront tout naturellement s'y rattacher.

Les travaux des Facultés des Sciences peuvent se ramener à trois types, qui se présentent avec de nombreux intermédiaires ; l'enseignement général, l'enseignement scientifique en vue des applications, les travaux de recherches.

§ 1. — *Enseignement général des Facultés*

Les Facultés donnent un enseignement général portant sur les connaissances regardées actuellement comme classiques dans les diverses branches des Sciences. Cet enseignement correspond, à peu près, au programme des trois anciennes licences : Sciences mathématiques (Analyse, Mécanique, Astronomie), Sciences physiques (Physique générale, Chimie générale, Minéralogie), Sciences naturelles (Zoologie, Physiologie, Botanique, Géologie). Pour les Sciences physiques, chimiques et naturelles, il y a, en quelque sorte, deux sections : une section plus élémentaire constitue le P. C. N., une section plus élevée les cours de licence. Pour les Mathématiques, la création de cours de Mathématiques générales dans la plupart des Facultés indique également une tendance à établir une section plus élémentaire ou section préparatoire.

Dans cet enseignement général, on cherche à donner aux étudiants les éléments essentiels des Sciences, à développer en eux l'esprit scientifique en leur faisant connaître et appliquer les méthodes de recherches.

A côté des cours didactiques sont organisées des

conférences et des manipulations dans lesquelles les élèves sont en rapport direct avec des maîtres de conférences, des chefs de travaux, des préparateurs chargés de leur donner des explications, de les inter-roger, de leur faire faire des problèmes, des exer-cices pratiques, des manipulations, des lectures, et de les initier ainsi à la recherche et à la réflexion personnelle. Ces conférences et ces exercices pra-tiques sont d'une importance toute particulière ; sans eux, les cours magistraux seraient loin de produire tous leurs effets utiles, car beaucoup d'élèves sortent de la préparation au baccalauréat avec une tendance fâcheuse à se contenter d'apprendre et de répéter la parole du maître.

En Mathématiques, les étudiants de licence sont exercés sur des problèmes de Calcul différentiel, de Calcul intégral, de Mécanique ; en Astronomie, on cherche à les familiariser avec les calculs numériques et le maniement des instruments ; ce côté pratique de l'enseignement de l'Astronomie demande à être très développé ; cela serait facile dans les Universités où le Directeur de l'Observatoire est en même temps professeur à la Faculté ; à Paris, la Faculté a fait, dans ce but, un accord avec l'Observatoire du Bureau des Longitudes, situé au Parc de Montsouris, où se trouve un outillage excellent ayant servi pendant longtemps à l'éducation astronomique des officiers de marine.

Dans les Sciences physiques et naturelles, les étudiants en licence sont de même exercés par de nombreuses manipulations à réaliser les expériences qu'ils ont vu décrire, à construire et à étudier des appareils, à acquérir l'éducation de l'œil et de la main, et à corriger par l'observation personnelle et directe ce que les notions prises dans les livres et les cours ont de théorique et de schématique. Enfin, en Botanique, en Géologie, et en Géographie physique, les élèves font des promenades et des voyages scientifiques.

A la fin de l'année, les étudiants subissent l'examen du certificat d'études P. C. N., ou les examens des certificats de licence : la réunion de trois de ces derniers certificats donne le grade de licencié. Dans ces examens, les notes des conférences et des travaux pratiques sont consultées par les examinateurs ; en outre, les travaux pratiques forment, à l'examen même, une épreuve importante pouvant être éliminatoire.

Voici les critiques que soulèvent ces diverses façons de procéder et les améliorations qu'il me paraît utile d'y apporter :

1° En ce qui concerne l'enseignement du P. C. N., les étudiants qui se destinent à la Médecine sont à peu près les seuls à le fréquenter : il serait très utile que le P. C. N. fût fréquenté par des étudiants de toute nature, sauf peut-être les mathématiciens, et qu'il comportât, outre les cours actuels, un enseignement de Mathématiques comprenant les éléments du Calcul arithmétique, de l'Algèbre et de la Géométrie analytique. Le certificat d'études P. C. N. ainsi constitué formerait un certificat d'études supérieures pouvant conférer un tiers de licence, à condition qu'il fût pris avant les deux autres certificats. On gagnerait à ce système de placer une année non obligatoire entre le lycée et les études de licence. Il arrive actuellement que de jeunes bacheliers se font inscrire à des cours de licence qu'ils ne peuvent pas suivre, à cause du changement brusque de méthode ou encore parce qu'ils se sont trompés sur leur vocation : une année de P. C. N., avec un enseignement simple et de très fortes manipulations, leur donnerait une éducation scientifique, les initierait aux méthodes des diverses sciences et leur permettrait ensuite de choisir leur voie en connaissance de cause. Cette année ne serait pas un retard, puisqu'elle conférerait un tiers de licence. On outre, le fait de posséder déjà ce tiers de licence engagerait certainement beaucoup de futurs médecins à prendre ensuite deux autres certificats, pour avoir le grade de licencié et peut-être plus tard celui de docteur ès sciences ; l'éducation scientifique du corps médical ne pourrait qu'y gagner. Enfin, l'introduction d'un enseignement de Mathématiques au P. C. N. se justifie par ce fait que les connaissances mathématiques indispensables aux physiciens et aux chimistes, rendent aussi de grands services dans les sciences naturelles où les procédés géométriques, les représentations graphiques jouent actuellement un rôle de plus en plus considérable.

2° Relativement aux conférences et aux travaux pratiques, il nous semble que les enseignements didactiques sont souvent beaucoup trop chargés par rapport aux conférences et aux manipulations. On se préoccupe trop de faire des cours complets, ce qui fatigue les élèves et les maintient dans l'habitude prise au lycée d'écouter des leçons et de les apprendre pour l'examen. Il n'y a pas d'inconvénient à ce qu'un cours ne soit pas complet, pourvu que les élèves comprennent bien l'esprit des méthodes et acquièrent dans les travaux pratiques, l'habitude de réfléchir et de chercher ; pour les parties qui n'auraient pas été enseignées, ils se tireront ensuite facilement d'affaire sans cours, avec des livres et des travaux dans le laboratoire. Par contre, il faudrait développer les conférences d'interrogations et surtout les manipulations. Trop souvent, les étudiants de licence manipulent sur des instruments ou des préparations montés par le préparateur et font ainsi deux ou trois manipulations seulement par semaine : ils prennent alors une part personnelle trop faible aux travaux pratiques. Il faudrait que les élèves pussent aller au laboratoire quand ils le voudraient et y passer des journées entières, en y montant eux-mêmes les appareils, en apprenant à faire une expérience à peu de frais, en voyant travailler et en aidant les préparateurs et les chefs de travaux. Les manipulations toutes préparées devraient, autant que possible, disparaître de l'enseignement supérieur.

On a déjà essayé ce nouveau système, qui donne d'excellents résultats. Ainsi, à Paris, certains laboratoires, comme celui de Chimie analytique et celui de Géographie physique, sont constamment ouverts aux étudiants de licence. En Zoologie et Anatomie comparées, on a installé des travaux pratiques facultatifs ; on a autorisé des élèves qui en ont fait la demande à travailler au laboratoire, quand ils le voudraient, en assignant à chacun d'eux une place déterminée avec un petit matériel et en mettant à leur disposition des livres : seize élèves ont demandé l'année dernière à profiter de ces avantages ; mais on a constaté que l'assiduité à l'étude des livres a été plus grande que l'assiduité aux travaux pratiques : le Directeur du laboratoire attribue ce fait à ce que la plupart des élèves, sortis depuis peu de temps du lycée, n'ont pas encore l'esprit d'initiative et l'habitude du travail personnel.

Mais les laboratoires où une organisation de ce genre peut fonctionner sont rares, et sur certains points tout manque. Ainsi, pour la Mécanique appliquée, les élèves devraient vivre dans un laboratoire qui serait un véritable atelier, avec des machines en action et des appareils d'essai, sous la direction de préparateurs qui seraient de véritables ingénieurs, capables de leur faire vérifier, sur chaque sorte de machine, les théories exposées par le professeur. Mais ce genre d'études est, en France, tout à fait dans l'enfance : il existe une scission à peu près complète entre la Mécanique enseignée dans les Facultés comme une Science mathématique et la Mécanique des usines et des ateliers, malgré les progrès faits dans cette voie par plusieurs de nos Universités. On ose à peine comparer ce qui se fait en France, dans les Universités les mieux outillées, aux magnifiques installations des laboratoires de Mécanique, qu'on voit en Amérique, dans plusieurs Universités, et en Europe, à Charlottenbourg ou au Polytechnicum de Zurich.

Pour résumer la façon dont nous concevons l'enseignement général des sciences expérimentales dans les Universités par la limitation de l'enseignement *ex cathedra* et l'accroissement du temps passé au laboratoire, nous pouvons dire qu'elle est la suite de l'évolution indiquée par Duruy : l'enseignement oratoire a été remplacé par l'enseignement didactique; l'enseignement didactique doit lui-même être réduit, remplacé et complété par le travail du laboratoire, le contact journalier avec la réalité elle-même.

Dans ce système, il faudra un grand nombre de préparateurs et de moniteurs. On devra, comme on le fait déjà, instituer deux espèces de préparateurs : les préparateurs titulaires en petit nombre, faisant leur carrière de ces fonctions, et les préparateurs de passage, qu'on pourra recruter parmi les étudiants boursiers ; en échange de la faveur qu'ils reçoivent de l'État, les boursiers devront, plusieurs fois par semaine, donner trois ou quatre heures aux élèves de licence des laboratoires; pour ceux des boursiers, et ils sont nombreux, qui se destinent à l'enseignement, ce genre de travail sera un excellent exercice de pédagogie pratique ; d'ailleurs, ces bourses ne devront rester au même étudiant que trois ou quatre ans au plus, pour qu'un grand nombre de jeunes gens puissent en profiter successivement. Une organisation de ce genre fonctionne depuis longtemps à l'École Normale, où existent des agrégés restant à Paris deux ou trois ans, afin de poursuivre des études supérieures, et faisant fonction de préparateurs ou de répétiteurs.

§ 2. — *Certificats.*

Les études dont nous parlons ici (enseignement général) sont sanctionnées par des certificats de licence. Chaque Faculté des Sciences peut proposer des certificats nouveaux, dont la création n'est définitive qu'après autorisation du Ministre. De cette façon, l'enseignement n'a plus la lamentable uniformité qu'il présentait autrefois ; chaque Université peut adapter ses programmes aux besoins scientifiques locaux, aux savants qui lui prêtent leur concours. Mais il est un point sur lequel les Facultés devraient avoir plus d'initiative et d'indépendance : s'il est naturel que la création d'un certificat nouveau doive être autorisée par le Ministre pour éviter des abus, pour empêcher, par exemple, que certains enseignements cessen d'être scientifiques pour devenir techniques, il est légitime aussi que, le certificat une fois créé, les Facultés soient libres de réglementer les conditions de l'examen, de fixer par exemple l'ordre de certains certificats, dans l'intérêt des études. Cette liberté ne ferait qu'augmenter la valeur des licences scientifiques, en ajoutant au contrôle des programmes fait par le Ministre le contrôle des conditions d'examens fait par les Facultés. Par exemple, une Faculté où existent un certificat de Chimie générale et un certificat de Chimie appliquée pourrait décider, si elle le juge utile d'après l'organisation des cours, qu'aucun candidat ne se présentera à la Chimie appliquée s'il ne possède déjà le certificat de Chimie générale : de même, une Faculté pourrait n'admettre à l'examen de Physique générale que des candidats possédant le certificat de Mathématiques générales, etc. ; elle pourrait aussi ne pas admettre pour la licence certains groupements de certificats.

§ 3. — *Recrutement des élèves des Facultés.*

D'après les règlements, le grade de bachelier est nécessaire et suffisant pour entrer dans les Universités. Quelques étudiants en Mathématiques et en Sciences physiques sortent de « spéciales » ; mais la très grande partie des étudiants sont seulement bacheliers : leur éducation scientifique est donc celle qui correspond au baccalauréat. Les bacheliers lettres-philosophie, nombreux au P. C. N., ont des connaissances mathématiques insuffisantes pour suivre les cours de Physique et de Chimie; leur préparation est surtout mauvaise dans les parties élémentaires : le système métrique, la multiplication et la division des nombres décimaux, qu'ils connaissent beaucoup moins bien que les élèves des écoles primaires. Les bacheliers lettres-sciences sont, au point de vue des connaissances générales, suffisamment préparés pour le P. C. N., mais insuffisamment pour les cours de licence. Quant à l'éducation scientifique, elle a de grands progrès à faire. Ces imperfections tiennent en grande partie au mode d'examen du baccalauréat; les candidats, sachant qu'ils auront à répondre à l'examen sur un programme qui est comme la table des matières de dix volumes d'Arithmétique, de Géométrie, d'Algèbre, de Cosmographie..., font appel surtout à leur mémoire pour être prêts à tout, craignant qu'une défaillance entraîne la perte d'une année. Ils s'exagèrent certainement les hasards de l'examen, car un examinateur attentif peut démêler assez vite la part de l'intelligence, de la mémoire, de l'émotion. Néanmoins, l'impression existe chez les élèves, fortifiée par quelques accidents d'examens arrivés à de bons sujets : elle nuit certainement à la valeur des études, à l'autorité des professeurs, au travail réfléchi et personnel. En outre, le baccalauréat actuel ne comporte pas et ne peut pas comporter d'épreuves pratiques : il en résulte que les élèves craignent de perdre leur temps dans les exercices de manipulations ou de dessin. On remédierait à tous ces inconvénients, pour les élèves des lycées, en délivrant, dans leur lycée même, aux meilleurs d'entre eux le diplôme de bachelier, d'après l'ensemble de leurs notes de compositions, de leçons, d'interrogations, d'exercices pratiques pendant les deux dernières années. Pour les élèves sortant du lycée sans diplôme et pour les candidats venant de l'enseignement libre, le baccalauréat subsisterait sous sa forme actuelle.

Enfin, je termine ces réflexions déjà longues sur le recrutement, en disant un mot des élèves-femmes. Depuis plusieurs années, un grand nombre de jeunes femmes suivent les cours des Facultés, principalement ceux du P. C. N. en vue de la médecine. Mais, par une anomalie inexplicable, le diplôme de fin d'études secondaires, délivré par l'État dans les lycées et collèges de jeunes filles, n'a aucune valeur ni pour l'inscription dans les Facultés des Sciences, ni pour l'inscription dans les Facultés de Médecine. Il en résulte que le régime actuel des lycées de jeunes filles est une sorte de piège tendu aux parents, qui sont cependant en droit d'exiger qu'une jeune fille, ayant suivi le cours régulier d'études secondaires dans un lycée de l'État et ayant réussi aux examens consacrant ces études, puisse, sans nouveau diplôme, aborder l'enseignement supérieur.

III

ENSEIGNEMENT SCIENTIFIQUE EN VUE DES APPLICATIONS

§ 1. — *Relations avec les écoles techniques.*

A côté de l'enseignement général correspondant aux anciennes licences est venu, depuis la constitu-

tion des Universités, se placer un enseignement
scientifique nouveau qui, malgré ses origines ré-
centes, a déjà pris une grande extension. Nous vou-
lons parler de l'Enseignement scientifique fait en
vue des applications, c'est-à-dire des Écoles techniques et de l'Industrie. L'étude de cet enseignement
soulève, d'une façon générale, le problème des relations entre les Facultés des Sciences et les Écoles
techniques. Nous appelons Écoles techniques, les
écoles qui préparent directement à l'exercice d'un
art ou d'une profession. Ainsi les Facultés de Médecine, les Écoles de Pharmacie sont des Écoles techniques ; la préparation professionnelle et pédago-
gique à l'enseignement, c'est-à-dire à la carrière du
professorat, est une préparation technique qui se
trouve mêlée à l'enseignement des Facultés : les
Écoles d'Électricité, les deuxième et troisième
années de l'École Centrale, les trois années qui
suivent l'année préparatoire aux Écoles des Mines
et des Ponts, la troisième année de l'École Normale
supérieure, l'École Coloniale, l'Institut Agronomique, l'École de Physique et de Chimie de la Ville
de Paris, les Écoles d'Agriculture, les Écoles supérieures de Commerce, les Écoles d'Arts et Métiers...
sont des Écoles techniques. L'École Polytechnique,
au contraire, est une École purement scientifique,
donnant un enseignement général, comme une

Faculté, et préparant ses élèves à certaines Écoles d'application.

La règle générale qui nous semble devoir régir les rapports entre les Facultés et les Écoles techniques est la suivante : l'enseignement technique devant être appuyé sur un enseignement scientifique aussi élevé que possible, pour mettre les élèves à même de lutter contre la concurrence étrangère, de perfectionner et de renouveler sans cesse les applications de la Science, il est indispensable d'établir le plus de points de contact possible entre l'enseignement supérieur et les Écoles techniques, les Facultés fournissant aux jeunes gens l'éducation scientifique, les Écoles techniques les préparant à l'exercice de l'art ou de la profession qu'ils poursuivent. En d'autres termes, les Facultés doivent remplir, vis-à-vis des Écoles techniques, le rôle que la Convention avait assigné à l'École Polytechnique à l'égard des Écoles d'ingénieurs, avant l'établissement des Facultés.

Cette idée a été, comme nous l'avons vu, réalisée depuis longtemps à la section des Sciences de l'École Normale, dont les élèves de première et deuxième année sont comme des boursiers de licence recevant à la Sorbonne l'Enseignement scientifique, la fonction propre de l'École étant, pendant la troisième année, de préparer ses élèves à la carrière du professorat : elle a été réalisée récemment par l'institution du P. C. N., transportant dans les Facultés des Sciences l'enseignement général préparatoire aux études médicales. La même idée est exprimée par Renan, à la fin des *Mélanges d'Histoire et de Voyages*, à propos de la liberté de l'Enseignement supérieur :

« On résoudrait, dit-il, la plupart des difficultés par ce principe que l'Université enseigne tout l'ensemble de la Science théorique, laissant aux Ecoles d'application, aux séminaires de toute sorte, le soin de former des sujets en vue d'une certaine pratique. »

Le principe énoncé par Renan nous semble devoir être la base des relations entre les Universités et les Ecoles techniques. Et qu'on ne croie pas que, en poursuivant son application, nous ayons en vue une sorte de protectionisme universitaire, le désir de donner des élèves aux Facultés : il s'agit, dans l'intérêt de la Science comme dans celui des applications, de faire le partage des fonctions et de laisser l'enseignement scientifique à l'organisme le mieux adapté au but visé. L'observation montre que, chaque fois qu'une Ecole technique veut donner un enseignement scientifique, cet enseignement passe au second plan, par rapport à l'objet principal de l'école ; il est donné à la hâte, dans un esprit d'utilité immédiate, sans les exercices, les interrogations les manipulations nécessaires.

Nous verrons plus loin comment le principe de la séparation des deux enseignements et de leur organisation en vue d'un but commun a déjà reçu, sous des formes diverses, de nombreuses applications, résultant de la force même des choses et de l'impérieux besoin qui domine l'industrie moderne de se renouveler sans cesse au contact de la Science. Comme le dit M. Haller, dans son remarquable Rapport sur les Arts chimiques à l'Exposition de 1900 : « L'avenir est à l'industrie scientifique, et malheur aux nations insouciantes qui restent au-dessous de ces nécessités nouvelles. » Seulement, nous devons mettre les Facultés en garde contre un écueil redoutable : il faut éviter qu'il s'établisse une confusion inverse de celle qui existe aujourd'hui et que les Facultés versent dans l'Enseignement technique. L'Enseignement des Facultés doit être exclusivement scientifique et non technique ; les deux enseignements doivent avoir leurs organes propres, aussi perfectionnés que possible, mis en relations par des Conseils ou Commissions mixtes composées de savants et d'ingénieurs, analogues aux Conseils des Universités où siègent les représentants des Facultés des Sciences, des Écoles de Médecine et de Pharmacie. En laissant pénétrer l'Enseignement technique dans les Facultés des Sciences, on amènerait rapidement la déchéance de la Science française et, par suite, l'affaiblissement des études techniques elles-mêmes, qui ne peuvent progresser qu'avec une base scientifique solide et profonde. Il est parfaitement admissible, et le fait existe déjà, que les Universités organisent à côté d'elles, avec leurs ressources, des Instituts techniques ; mais ces Instituts doivent être nettement séparés des autres services, et se borner à donner un enseignement professionnel à des étudiants qui suivent ou ont suivi l'enseignement scientifique général de la Faculté des Sciences.

Voici des indications sommaires sur quelques organisations-types qui existent actuellement dans cet ordre d'idées.

A Lille, les rapports les plus étroits ont été établis entre l'Institut industriel du Nord de la France et la Faculté des Sciences. Cet Institut est un établissement fondé par le Département et la Ville, occupant parmi les Ecoles techniques une situation intermédiaire entre les Ecoles d'Arts et Métiers et l'Ecole Centrale. Tout d'abord, il y a entre l'Institut et la Faculté une sorte d'union personnelle, en ce sens que les cours théoriques y sont donnés par des membres de la Faculté qui y enseignent les Mathématiques spéciales, l'Analyse, la Mécanique, la Physique, l'Électricité, et qui y donnent des conférences, et des interrogations. Puis, les meilleurs élèves de l'Institut viennent à la Faculté compléter leur éducation scientifique et prennent, quand ils sont bacheliers, des certificats de Mathématiques générales, de Mécanique rationnelle, de Mécanique appliquée, de Physique industrielle, de Chimie générale, de Chimie industrielle. Les élèves sortant de l'Institut industriel avec le diplôme forment à peu près le quart de l'effectif : ils trouvent facilement des situations dans la région, où ils sont recherchés comme ingénieurs. Cette organisation pourrait encore être améliorée si les cours théoriques de l'Institut, d'un caractère vraiment scientifique, étaient tous faits à la Faculté même.

Comme annexe directe à l'Université de Lille existe un Institut électrochimique, qui donne un diplôme d'ingénieur électricien et dont les élèves suivent à la Faculté des Sciences les cours de Mathématiques générales, de Physique générale, de Thermodynamique et de Mécanique appliquée; à noter que cette Mécanique est réellement appliquée et que, cette année, le professeur a fait porter son enseignement sur l'étude théorique des automobiles. Enfin, pour montrer l'union réalisée, dans cette Faculté, entre la Science et l'Industrie, signalons ce fait que, dans le jury des certificats de Chimie industrielle, figure un docteur ayant une situation industrielle considérable, celle d'administrateur délégué des Établissements Kulßmann.

A l'Université de Nancy, nous relevons quatre Instituts techniques : l'Institut chimique, l'Ecole de Brasserie, l'Institut électro-technique, l'Institut agricole. A l'Institut de Chimie, la base de l'Enseignement est constituée par les cours de la Faculté sur la Chimie minérale, la Chimie organique, la Chimie analytique ; ces cours sont complétés à l'Institut par des leçons dans lesquelles on étudie une série d'industries spéciales : Métallurgie, Céramique, grande Industrie chimique, Électrochimie ; des cours spéciaux, subventionnés par la Ville de Nancy, se rapportent aux procédés chimiques de teinture et d'impression. L'Enseignement pratique se fait dans de vastes laboratoires, où les élèves sont admis chaque jour de huit heures à midi et de deux heures à six heures. La durée des études est de trois ans : cependant, des jeunes gens ayant déjà suivi des cours de la Faculté et munis de diplômes ou de certificats de licence peuvent être dispensés d'une ou de deux années d'études. Un diplôme d'ingénieur-chimiste est délivré aux meilleurs élèves. L'Institut électrochimique a été fondé par les généreuses subventions des industriels de la région, du Conseil général de Meurthe-et-Moselle, du Conseil municipal de Nancy et de l'État. Son organisation est analogue à celle de l'Institut chimique. Dans les deux premières années, les élèves prennent à la Faculté les connaissances générales en Mathématiques, en Physique, en Chimie; la troisième année est technique : sont admis d'emblée en troisième année les anciens élèves des grandes Ecoles de Paris et les étudiants pourvus du certificat de Physique générale et de l'un des certificats fondamentaux de Mathématiques : Analyse infinitésimale ou Mécanique rationnelle. Enfin, l'Institut agricole a pour but de donner une instruction supérieure préparant à la profession d'agriculteur : il comprend une section d'études coloniales.

A Bordeaux, nous relevons de même une École de Chimie appliquée à l'Industrie et à l'Agriculture, dont les élèves suivent les cours de Chimie professés régulièrement à la Faculté pour les candidats à la licence, ainsi que ceux de Chimie industrielle et de Chimie agricole, et reçoivent à l'École un enseignement technique. Un laboratoire d'Électricité industrielle est annexé à la Faculté dans des conditions semblables.

Je ne puis ici passer en revue toutes les organisations analogues existant dans les Universités de Besançon, Caen, Clermont, Dijon, Grenoble, Lyon, Marseille, Montpellier, Rennes, Toulouse...; une telle étude serait des plus instructives : elle montrerait avec quelle variété de formes, avec quelle intelligente activité, les Universités se sont efforcées partout de répondre aux exigences de la Science et de l'Industrie.

A Paris, l'Université possède un Institut de Chimie appliquée où les élèves sont admis à la suite d'un examen de capacité et étudient pendant trois ans. L'Enseignement pratique qu'on y donne est coordonné aux cours et conférences de la Faculté des Sciences que les élèves sont tenus de suivre. La Faculté des Sciences de Paris ne dirige pas d'autre Institut technique proprement dit; mais, dans la plupart des Enseignements expérimentaux, se trouvent placés, à côté des cours et exercices généraux, des Enseignements scientifiques faits en vue de certaines applications; il arrive aussi que des étudiants ayant pris à la Faculté des certificats d'études supérieures vont ensuite dans des Écoles techniques, ou que des jeunes gens sortis de ces Écoles viennent prendre à la Faculté un Enseignement scientifique. C'est ainsi que, chaque année, plusieurs étudiants de la Faculté entrent à l'École d'Électricité après avoir pris les certificats d'études supérieures nécessaires; que les cours, conférences et travaux pratiques de Géologie et de Minéralogie ont été suivis par d'anciens élèves de l'École Centrale, des élèves de l'École des Mines, des officiers chargés de missions, venant faire leur éducation scientifique en vue de la prospection, de la recherche des sources et, d'une façon générale, de la Minéralogie et de la Géologie appliquées. De même, le laboratoire de Géographie physique a été fréquenté par de futurs professeurs de Géographie, des élèves diplômés de l'Institut Agronomique, des élèves de l'École Coloniale, des ingénieurs et des officiers du Service géographique. Les exercices de Botanique ont été suivis par des étudiants ayant en vue l'Enseignement agricole, ou des applications à l'Agriculture et à l'Horticulture. De nombreux élèves de l'Institut Agronomique, de l'École de Grignon, des autres Écoles supérieures d'Agriculture sont venus passer avec succès des certificats de licence ; certains d'entre eux ont même poussé leurs études jusqu'au doctorat et ont fait ensuite une carrière rapide dans l'Enseignement agricole supérieur. Le laboratoire de Physique a conduit plusieurs de ses élèves à d'importantes situations dans l'Industrie, etc.

§ 2. — *Critique de l'état actuel.*
Possibilité d'organisation pour l'avenir.

Actuellement, comme dans les organismes imparfaits, il existe encore une grande confusion de fonctions. On peut reprocher aux Facultés des Sciences de donner un Enseignement technique en s'occupant de la préparation professionnelle au professorat ; un professeur de lycée doit être savant : avant d'enseigner, il doit connaître la Science pour l'avoir pratiquée ; il doit être placé bien au-dessus des sujets qu'il aura à traiter et être capable de trouver dans sa science même le moyen de perfectionner son enseignement : ces qualités, le futur professeur les acquerra dans une Université ; il doit ensuite posséder l'art d'enseigner, de composer une leçon, de présenter une démonstration avec habileté, de faire des expériences de cours qui fassent image et frappent l'imagination des enfants : ces qualités professionnelles, il doit les recevoir soit dans des Instituts techniques (pouvant dépendre des Universités) comme la troisième année de l'École Normale Supérieure, soit au cours d'un stage organisé, dans les lycées des diverses Académies, par les soins du Recteur, avec le concours des professeurs les plus expérimentés de l'Enseignement supérieur ou secondaire. Mais si, sur ce point spécial, les Facultés font un peu d'Enseignement technique mélangé à l'Enseignement général, il existe, en revanche, un très grand nombre d'Écoles techniques qui donnent un Enseignement scientifique général, souvent à quelques centaines de mètres de distance d'une Faculté des Sciences. Tel est, dans les Écoles de Pharmacie, l'enseignement général des Sciences physiques, chimiques et naturelles, qui trouverait, semble-t-il, sa place toute préparée au P. C. N. Tel est, à l'École des Mines, à l'École des Ponts, à l'École Centrale, l'enseignement de la première année ou année préparatoire, où se font de véritables cours de Faculté sur l'Analyse mathématique, la Mécanique rationnelle, la Chimie générale, la Physique générale. Tels sont enfin de nombreux cours de l'Institut Agronomique et des Écoles d'Agriculture.

A ce défaut d'harmonie, à ces enseignements scientifiques dispersés, qui certainement ne sont pas meilleurs que ceux des Facultés, qui sont moins bien organisés et moins bien outillés comme conférences et travaux pratiques, il est nécessaire de substituer une organisation nouvelle, qui donnera un meilleur rendement au point de vue scientifique, avec une diminution des frais généraux supportés par le budget.

Dans les Écoles des Ponts et Chaussées et des Mines, on devrait supprimer l'année préparatoire et recevoir directement en deuxième année des Élèves des Facultés des Sciences présentant certains certificats et subissant, s'il paraît utile, un concours ou un examen de capacité : le nombre des élèves admis pourrait ne pas être absolument déterminé *a priori*, le diplôme d'ingénieur délivré à la sortie n'étant donné qu'aux bons élèves.

Un régime analogue devrait être appliqué à l'École Centrale, qui deviendrait ainsi exclusivement technique.

A Paris, l'Institut Agronomique pourrait de même pour certains cours théoriques, envoyer ses élèves à la Faculté des Sciences, après entente entre les deux établissements ; ou bien l'on pourrait exiger le certificat d'études P. C. N. des candidats à l'Institut Agronomique et y supprimer les cours théoriques correspondants.

Pour les Écoles d'Agriculture, presque tout est à faire en vue d'une entente avec l'enseignement supérieur. Conformément à un vœu exprimé dans un des Congrès de 1900, quelques chaires de Faculté ont été créées en vue de la préparation scientifique à l'Agriculture, sans que, bien entendu, ces chaires aient un caractère technique pouvant faire un double emploi avec l'enseignement pratique des Écoles d'Agriculture. Mais aucune organisation d'ensemble n'a encore été proposée.

Notre étude nous amène fatalement à la question de l'École Polytechnique. Cette École, qui, dans ses débuts, a été en quelque sorte la première Faculté des Sciences, qui a été intimement mêlée à la création de la Faculté de Paris, est restée à peu près immuable dans les principes de son organisation : ainsi que nous l'avons déjà dit, elle apparaît comme une

Faculté des Sciences fermée, dont les élèves, suivant un cours d'études qui ne laisse aucune place à la libre recherche, concourent entre eux en vue de certaines situations d'ingénieurs qu'eux seuls peuvent obtenir par la voie de l'enseignement supérieur. Je constate ce caractère de Faculté de l'École Polytechnique, sans y trouver à redire : tout établissement donnant un enseignement général préparatoire aux Écoles techniques doit être un véritable établissement d'enseignement supérieur.

Si cette École n'existait pas, les Facultés des Sciences s'organiseraient sans peine pour accomplir la fonction dont l'École des Travaux publics avait été chargée par la Convention avant qu'il existât des Facultés, de donner un enseignement scientifique en vue des Écoles d'ingénieurs, du moins au titre civil. Les élèves des Facultés, munis des certificats exigés, ayant suivi un enseignement scientifique dont le programme et l'esprit auraient été établis après entente avec les Écoles techniques, entreraient directement dans ces Écoles, sous la garantie d'un examen de capacité ou d'un concours. Les Universités rempliraient alors pleinement leur rôle d'éducatrices de la démocratie : elles établiraient entre les esprits les plus distingués du pays, dans toutes les carrières scientifiques, théoriques ou pratiques, par la communauté du travail, par la liberté de l'étude, l'union et l'harmonie que, dans la diversité croissante des individualités et des consciences, la science seule peut donner. Mais l'École Polytechnique existe : ses beaux états de service, le respect qu'inspire une institution plus que séculaire, lui assureront sans doute encore une longue carrière, et la préserveront d'une transformation en école exclusivement militaire. Seulement, dès maintenant, son organisation appelle des modifications profondes : on pouvait, il y a un siècle, enseigner en deux ans, à des jeunes gens sortant de l'enseignement secondaire, l'Analyse mathématique, la Mécanique rationnelle, l'Astronomie, la Physique générale, la Chimie générale, en poussant cet enseignement jusqu'aux limites mêmes de la Science d'alors : on ne le peut plus pour la Science d'aujourd'hui. Malgré l'habileté de professeurs qui sont choisis parmi les premiers savants du pays, malgré la bonne volonté d'élèves excellents, nommés après concours, il est impossible d'embrasser avec fruit un pareil programme : les cours succèdent aux cours, rapides, condensés, nourris de la substance des sciences ; les élèves les écoutent, les comprennent, et en tirent peu de profit à cause du temps trop court qui leur reste pour la réflexion personnelle, les exercices écrits, l'étude des livres, la vie du laboratoire. Ce n'est pas ici le lieu d'étudier en détail une nouvelle organisation de l'École : le seul point que je veuille viser, parce qu'il rentre complètement dans mon sujet, est l'avantage que possède l'École Polytechnique d'être, de toutes les institutions d'enseignement supérieur, la seule qui ouvre certaines carrières civiles, les carrières d'ingénieur de l'État pour les Mines, les Ponts et Chaussées, les Constructions navales : par là, ses élèves sont mis à l'abri de toute concurrence, ce qui constitue un véritable privilège dans une démocratie où la libre concurrence des intelligences doit se produire, non une fois, à un instant unique, qui décidera de toute la vie, mais le plus souvent possible. Il semble donc nécessaire que l'École Polytechnique accepte la concurrence de l'enseignement supérieur pour l'entrée aux Écoles des Mines, des Ponts et Chaussées, etc..., au titre d'ingénieur de l'État ; cette réforme n'est pas seulement conforme à l'esprit de justice : elle rendra à l'École Polytechnique et au pays le grand service de diminuer cette poussée énorme de jeunes gens suivant tous la même voie en vue de vingt à trente places et faussant, par leur grand nombre, les épreuves du concours d'entrée. Les détails d'organisation de cette concurrence entre une École fermée et les Facultés sont, sans nul doute, difficiles à régler : mais l'essentiel est que cette concurrence devienne possible, quelque dures qu'en soient les conditions pour les candidats libres. En toute hypothèse, le point essentiel qu'il faut considérer, est que le recrutement des élèves ingénieurs de l'État doit avoir pour base une culture scientifique aussi haute que possible : il serait très dangereux, pour l'avenir du pays, que ce recrutement se fît par une culture et des épreuves prématurément techniques ; tout en admettant l'accès du grade d'ingénieur des conducteurs désignés par leurs services et ayant des connaissances théoriques suffisantes, l'on ne saurait trop lutter contre l'idée de recruter principalement les ingénieurs par le rang ; la concurrence doit se produire, mais sur le terrain de la haute culture scientifique.

On trouvera la même manière de voir exprimée dans un article de M. Lucien Lévy, actuellement examinateur d'admission à l'École Polytechnique, paru dans la *Revue Scientifique* du 9 janvier 1892 : « Et ceci, dit M. Lucien Lévy, nous amène à nous demander s'il ne conviendrait pas de remplacer les examens de sortie de l'École Polytechnique par des examens d'entrée aux Écoles d'application où pourraient concourir tous les candidats du dehors, comme cela a lieu, par exemple, pour l'agrégation, où se présentent, concurremment avec les élèves de l'École Normale, les étudiants libres, qu'ils aient suivi des cours de Faculté ou non, pourvu qu'ils soient licenciés et Français. Il n'est pas trop difficile d'imaginer un mode d'examen où le public serait admis, les élèves de l'École Polytechnique conservant certains avantages de points ou autres et surtout étant assurés d'un poste en tout état de cause. » M. Lévy admet même que les Facultés puissent présenter des candidats aux Écoles d'application militaires. « Par exemple, dit-il, la Commission d'examen pour l'École d'Application du Génie et de l'Artillerie, qui, d'ailleurs, pourrait se confondre en partie avec les Commissions d'autres Écoles, examinerait et classerait tous les candidats; le ministre de la Guerre nommerait le nombre d'officiers-élèves qui lui seraient nécessaires; les élèves de l'École Polytechnique qui auraient échoué à cet examen final seraient, de droit, sous-lieutenants dans l'armée active. »

Il existe actuellement un concours pour les ingénieurs des Postes et Télégraphes en dehors de l'École Polytechnique : mais, si mes renseignements sont exacts, ce concours n'est pas organisé dans l'esprit que j'indique, puisque les élèves sortant de l'École Polytechnique ne peuvent y prendre part, du moins l'année même de leur sortie.

Nous avons ainsi envisagé, sous ses aspects principaux, le problème de la préparation aux Écoles techniques par l'Enseignement supérieur. Mais ce n'est pas seulement de cette façon que pourra être réalisée une union féconde entre la science et les applications; il existe, pour arriver au même but, une autre voie, en quelque sorte inverse, qui se trouve déjà suivie sur quelques points particuliers. On sait quelle bonne volonté de travail, quelle santé morale et intellectuelle se rencontrent souvent chez les élèves des Écoles techniques moyennes, comme les Écoles d'Arts et Métiers. Déjà le Ministère du Commerce a institué, pour les meilleurs élèves de ces écoles, des bourses d'études leur permettant de se préparer à l'École Centrale. Pourquoi ne pas diriger quelques-uns de ces jeunes gens, manifestant des aptitudes scientifiques, sur les Universités, où ils recevraient un enseignement théorique en vue de l'industrie à laquelle ils se destinent, en vue par exemple des divers Instituts d'Électricité, de Chimie appliquée, etc. ; des élèves d'un genre analogue pourraient venir également des Écoles d'Horticulture et d'Agriculture. Nous verrions à cette innovation le grand avantage d'introduire dans les Universités des éléments nouveaux et de faire l'expérience d'une méthode consistant à donner à l'enseignement scientifique une base pratique. Peut-être aussi ce rapprochement d'étudiants, d'origines très différentes, ferait-il tomber bien des préjugés et des idées fausses.

IV

TRAVAUX DE RECHERCHES

Au-dessus de leur mission de faire connaître et comprendre les Sciences, les établissements d'enseignement supérieur, vraiment dignes de ce nom, en ont une autre, noble entre toutes, celle de faire progresser la Science et d'initier sans cesse de nouvelles générations de travailleurs aux méthodes d'invention et de découverte. L'accomplissement de cette mission a une importance essentielle, car, seuls, les maîtres ayant fait et continuant à faire des travaux personnels, des recherches originales, peuvent connaître le fond des méthodes propres à chaque ordre de sciences et communiquer à leurs disciples cet esprit de curiosité scientifique, de recherche passionnée de la vérité pour elle-même, en dehors de toute application et de tout profit immédiats, qui constituent le véritable savant. Quand bien même certaines chaires de Faculté auraient peu d'élèves pour les études générales, leur existence serait encore justifiée par ce fait qu'elles fournissent à leurs titulaires' les loisirs et les moyens de poursuivre leurs travaux et de laisser mûrir leurs idées. Et un Pasteur méditant dans son laboratoire de Strasbourg et se préparant, par une discipline scientifique de tous les instants, à ses découvertes futures, rend par là un plus grand service à l'Humanité et à la France que par l'enseignement de licence qu'il a pu donner à cette époque. Je me permets d'insister sur ce point, car il serait à craindre que, dans notre démocratie, on fût porté à juger l'importance d'une chaire d'un caractère élevé et des laboratoires correspondants par le nombre des élèves qu'ils réunissent ; il faut la mesurer aux découvertes qui y ont été faites ou qui peuvent s'y faire : il faut se rappeler, en outre, que des résultats paraissant n'avoir qu'une beauté théorique peuvent conduire à des applications inattendues. Les exemples ne manquent pas dans les domaines les plus divers, depuis les études astronomiques, qui, en amenant Newton à énoncer les principes de la Dynamique, ont préparé la Mécanique moderne, ainsi descendue du ciel sur la terre, jusqu'aux recherches sur les organismes microscopiques, qui ont conduit Pasteur à renouveler une partie des Sciences chimiques et naturelles et à ouvrir un champ immense d'applications à la Médecine, à l'Agriculture et à l'Industrie. Tout récemment encore, la télégraphie sans fil est née de recherches théoriques d'un ordre très élevé.

Afin de favoriser et de développer ces travaux de découvertes dans les sciences mathématiques, on a établi dans les Facultés, à côté des cours généraux, comme l'Analyse mathématique, la Mécanique rationnelle et l'Astronomie, qui ont un programme à peu près invariable, des cours portant sur les parties les plus élevées de la Science, dans lesquels le professeur indique l'état actuel de certaines questions et conduit ses auditeurs jusqu'à ces régions noyées d'ombre où s'élabore la Science de demain : ces cours, devant se renouveler d'année en année, exigent de leurs titulaires des efforts d'invention et d'érudition incessants : tels sont les cours de Géométrie supérieure, d'Analyse et d'Algèbre supérieures, de Mécanique céleste, de Physique mathématique.

Dans les Sciences physiques et naturelles, on a, de même, à côté des laboratoires d'enseignement, créé des laboratoires de recherches, qui sont, ou bien des laboratoires particuliers pour les professeurs et les préparateurs, ou encore des laboratoires ouverts à des travailleurs. Ces travailleurs sont des licenciés préparant des thèses de Doctorat d'État ou d'Université, ou des docteurs continuant des recherches scientifiques, ou des officiers et des ingénieurs étudiant des questions scientifiques élevées en vue de missions et d'applications industrielles. Si, comme il est à souhaiter, il est établi pour les agrégations de sciences expérimentales un diplôme d'études supérieures exigeant un travail de laboratoire, on verra une nouvelle catégorie de travailleurs se joindre à ceux qui existent actuellement. Un recru-

tement régulier de chercheurs se fait par les boursiers d'études ou boursiers de Doctorat, qui reçoivent une subvention de l'État pour pouvoir, pendant
deux ou trois ans, se livrer à des études désintéressées. Certaines villes, en tête desquelles il convient
de placer Paris, quelques généreux amis de la Science,
quelques établissements particuliers comme l'Institut
Thiers, donnent également des bourses de ce genre.
Il y aurait évidemment un grand intérêt à ce que ces
bourses se multipliassent.

Souvent des étrangers, en possession de grades
ou même de fonctions, viennent passer une année
ou deux dans des laboratoires dirigés par des hommes
illustres pour s'initier à leurs méthodes d'investiga-
tion scientifique : tels ont été les laboratoires de
Sainte-Claire Deville à l'École Normale, de Claude
Bernard au Collège de France ; tels sont actuellement
plusieurs laboratoires dans les départements et à
Paris, dans les Facultés ou dans les autres établissements d'enseignement supérieur. On ne saurait faire
trop de sacrifices et d'efforts pour accroître cette
clientèle scientifique de notre pays.

L'organisation et l'outillage des divers laboratoires
de recherches exigent des modifications incessantes
et des agrandissements continus : à mesure que la
sphère des Sciences s'étend, sa frontière avec l'in-
connu grandit également et les sujets de recherches

se multiplient; il suffit, pour s'en convaincre, de voir ce que sont devenues en cent ans les recherches sur l'Électricité et de songer au domaine qu'ouvre une découverte comme celle des substances radio-actives. Aussi faut-il avouer que, dans bien des Universités, on a commis une lourde faute en installant les laboratoires dans des monuments coûteux où aucun agrandissement n'est possible, ou en les édifiant sur des terrains trop exigus. La véritable solution du problème, qui a été appliquée dans quelques établissements en France et à l'Étranger, consiste à former des Instituts séparés pour les diverses sciences, Physique, Chimie, Botanique, Zoologie, Géologie, où se trouvent réunis les laboratoires d'enseignement et les laboratoires de recherches, chaque Institut ayant ses bâtiments appropriés avec de vastes cours permettant des agrandissements ou des constructions provisoires; on arrive de cette façon à un meilleur rendement économique et scientifique : économique, car tous les frais généraux sont diminués par les approvisionnements en commun des laboratoires d'un même Institut et par l'utilisation d'une installation centrale d'énergie électrique et mécanique; scientifique, car les diverses branches d'une même science étant réunies, les étudiants en perçoivent nettement tous les rapports et sont amenés à vivre dans un milieu qui excite l'esprit de recherche. Dans un tel Institut, peuvent être juxtaposés des laboratoires de recherches indépendants les uns des autres : le directeur de l'Institut doit avoir une autorité administrative et non scientifique ; sinon, il pourrait en résulter de graves dangers pour l'orientation des recherches.

Ainsi, à l'Université de Paris, l'un des besoins les plus urgents à l'heure actuelle est la création, sur un grand emplacement distinct de la Sorbonne, d'un Institut de Chimie, où se trouveraient réunis les enseignements et les laboratoires de Chimie minérale, de Chimie organique, de Chimie biologique et de Chimie appliquée, qui sont actuellement dispersés sur trois points : à la Sorbonne, rue Michelet et à l'Institut Pasteur.

Nous avons vu, à propos de l'enseignement général, quelle est l'impérieuse nécessité d'établir des rapports étroits entre les Universités, les Écoles techniques et l'Industrie. Les laboratoires de recherches doivent également se trouver en rapport constant avec les applications industrielles ou agricoles, soit pour en tirer des sujets de recherches théoriques, soit pour fournir des solutions aux difficultés qui arrêtent les praticiens. Il importe que, dans les grandes industries, se trouvent non seulement des ingénieurs techniques, mais des savants connaissant les dernières méthodes de travail et de recherche. C'est là que se trouve véritablement la solution du problème des rapports de l'Enseignement supérieur avec les applications. Sans doute, les Instituts techniques dont nous avons parlé, prenant des élèves des Facultés et leur donnant, le plus rapidement possible, les connaissances scientifiques et techniques en vue d'une industrie, rendent de grands services ; mais ils ne peuvent guère former que des ingénieurs se bornant à appliquer correctement les méthodes et les théories qu'on leur a apprises. *C'est aux laboratoires de recherches qu'il faut demander des ingénieurs capables de faire progresser l'industrie.* C'est ce qui fait la force de l'Allemagne et principalement des industries chimiques allemandes : par exemple, dans une Société badoise de produits chimiques, on relève 148 chimistes, savants, faisant des recherches, et 75 techniciens seulement ; dans la Société Bayer, on trouve 145 chimistes se livrant à des travaux personnels. Chaque fois qu'un de ces savants découvre une substance nouvelle, elle est aussitôt brevetée ; les usines ont ainsi un nombre formidable de brevets, si bien que la France, où aucune organisation semblable n'existe, ne peut lutter contre la concurrence allemande. La responsabilité de cet état de choses incombe plus à notre haute industrie qu'aux Universités, qui sont toutes prêtes à recevoir et à former des chercheurs.

En terminant cet exposé déjà trop long, je suis heureux de constater les grands progrès que l'Enseignement supérieur a faits en France depuis trente ans : sous le rapport de l'enseignement général et des travaux de recherches, nous sommes aujourd'hui en mesure de lutter avec les autres nations, et nous avons la satisfaction de voir nos thèses de doctorat à un niveau scientifique supérieur à celles des autres pays. Nous sommes en retard dans l'organisation des relations entre l'enseignement théorique et les Écoles techniques et dans l'emploi des savants par la haute industrie ; nous avons constaté là une regrettable confusion de fonctions, une dispersion funeste d'énergie et d'argent, et même des lacunes à peu près complètes. C'est à mettre cette fonction de l'Enseignement supérieur scientifique au niveau des autres que doivent maintenant tendre surtout nos efforts.

ÉVREUX, IMPRIMERIE DE CHARLES HÉRISSEY